L'Etat Islamique en Irak et au Levant

La naissance d'un monstre

5 mn Smart

Table de matières

L'Etat Islamique en Irak et au Levant (EIIL)

L'État Islamique en Irak et au Levant (EIIL) est une organisation armée djihadiste qui a proclamé le l'établissement d'un nouveau califat islamique sur les territoires irakiens et syriens, depuis juin 2014. Elle est également connu sous ses acronymes arabes (DA'ECH) ou anglais (ISIS). L'objectif de l'EIIL est de mettre en place un état islamique sunnite s'étendant sur le Liban et la Syrie (Le Levant) et l'Irak.

mn 01 - Origine et proclamation du Califat

L'EIIL est un groupe djihadiste né en Irak après l'invasion américaine de 2003:

- En 2004, Al-Quaïda en Mésopotamie est créé par Al-Zarqaoui mais rejeté par la « maison mère » car considéré comme trop violent et sectaire. Ce groupe attire de nombreux combattants étrangers.

- En 2006, création de l'Etat Islamique en Irak. Elle résulte de la fusion de groupes armés djihadistes irakiens (dont Al-Quaïda en Irak), et une trentaine de tribus sunnites.

- En 2011, la guerre civile syrienne attire de nombreux combattants djihadistes étrangers, qui viennent rejoindre les rangs de l'EIIL.

- En juin 2014, l'EIIL proclame le rétablissement du Califat. Elle se revendique comme le successeur des précédents califats, dont le dernier a disparu en 1924, avec la chute de l'Empire Ottoman. Abou Bakr al-Baghdadi al-Husseini al-Qurashi se proclame Calife, successeur de Mahomet, sous le nom d'Ibrahim.

mn 02 - Combattants

Selon la CIA, l'EIIL compte environ 25 000 combattant en Syrie et en Irak, dont 12 000 volontaires venus de 50 pays.

Dans les effectifs de l'EIIL ont trouve notamment, en 2014 :

- o 3 000 tunisiens
- o 2 500 saoudiens
- o 2 100 jordaniens
- o 1 500 maroccains
- o 900 libanais

- o 400 turcs
- o 400 égyptiens

mais aussi,

- o 700 français
- o 400 britanniques
- o 300 allemands
- o 250 belges
- o 250 australiens
- o 120 néerlandais
- o 100 danois
- o 70 américains
- o 60 autrichiens
- o 50 norvégiens
- o 30 irlandais

mn 03 - Le Financement de

l'EIIL

- Aides des états du golfe

L'EIIL a bénéficié du soutien financier
de pays du golfe (lors de la guerre
civile syrienne), jusqu'en (2013) :
- L'Arabie saoudite
- Le Qatar
- Autres pays du golfe

Ces soutiens se sont arrêté depuis
mais l'EIIL bénéficie toujours de riches

donateurs individuels, en provenance des pays du golfe. Cette manne est évaluée à 100 millions de dollars par an.

• Pétrole

Une des source de financement de l'EIIL provient du contrôle de puits de pétrole dont les revenus sont estimés à 350 millions par an.

• Pillage et levée d'impôts

En juin 2014, l'EIIL s'empare des réserves d'argent liquide de la ville de Mossoul (425 millions de dollars) ainsi que de l'argent d'autres banques irakiennes.

Par ailleurs, l'EIIL lève des impôts dans les villes dont elle prend le contrôle (8 millions de $ par mois à Mossoul).

- Au final, l'EIIL dispose de 2,3 milliards de dollars, ce qui en fait le groupe terroriste le plus riche au monde, devant les talibans afghans (400 millions de $), le Hezbollah (350 millions de $) et les FARC (200 millions de $).

mn 04 - Conquête territoriale

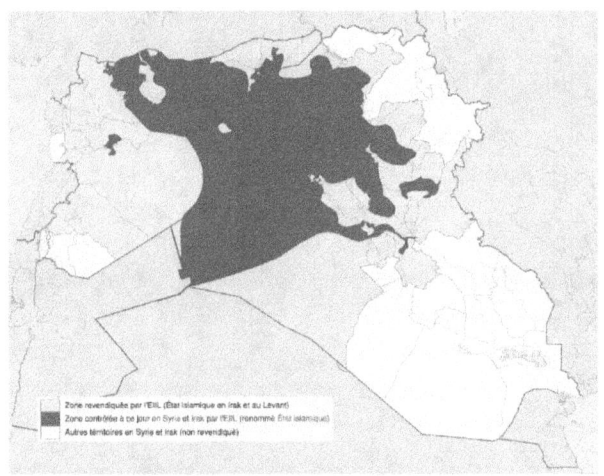

Profitant du chaos généré par la crise civile en Syrie, l'EIIL s'implante dans de nombreuse villes et villages, principalement au Nord-Est de la Syrie, près de la frontière irakienne.

L'EIIL contrôle la province d'Anbar en Iraq, incluant les villes de Falloujah (300 000 habitants), à 300 km de Bagdad.

En Juin 2014, Mossoul (2 millions d'habitants), ville pétrolière, la deuxième plus grande ville irakienne, tombe aux mains des djihadistes de l'EIIL, après 4 jours de combat.

Les conquêtes de l'EIIL ont abouties à la construction d'un corridor djihadiste entre l'Irak et la Syrie et se rapprochent peu à peu de leur objectif.

mn 05 - Terreur

L'EIIL est responsable de crimes de guerre, nettoyages ethnique et crimes contre l'humanité.

- o En 2013, 400 rebelles sunnites ont été exécutés par l'EIIL en Syrie.
- o En 2013, les attentats de l'EIIL à l'encontre de populations civiles, essentiellement chiites, ont fait plus de 6 000 morts.
- o En juin 2014, l'EIIL s'empare de la prison de Badoush et massacre 670 prisonnier chiites.
- o En Juin 2014, l'EIIL revendique le massacre de 1 700 prisonniers chiites de l'armée irakienne.
- o En Juin 2014, l'EIIL en palestine revendique l'enlèvement de trois adolescents israéliens, dont les corps sont retrouvés près de Hébron.
- o En juin 2014, 40 chiites turkmènes, dont des enfants, ont été massacrés dans 4 villes proches de Kirkouk.

o En Juillet 2014, une femme de 26 ans accusée d'adultère est lapidée à Tabqa, en Syrie. Le lendemain, une deuxième femme subit le même sort à Racca.

o En août 2014, 500 membres de la minorité religieuse Yazidie ont été tués.

o En août 2014, le journaliste américain James Foley est assassiné par décapitation, en représaille des bombardement effectués en Irak par les Etats-Unis. Cet assassinat est mis en scène par la diffusion d'une vidéo intitulée « Un message adressé à l'Amérique ».

o En Septembre 2014, l'EIIL décapite le journaliste israelo-américain Steven Sotloff. Cet assassinat est mis en scène par la diffusion d'une vidéo.

o En Septembre 2014, David Haines, un travailleur humanitaire britannique a été décapité. Cet assassinat est mis en scène par la diffusion d'une vidéo.

o En Septembre 2014, Hervé Gourdel, un touriste français, a été capturé en

Algérie et assassiné par décapitation, suite à l'entrée en guerre de la France face à l'EIIL. Cet assassinat est mis en scène par la diffusion d'une vidéo.

L'EIIL institue la terreur dans les villes qu'elle occupe et diffuse une Charte (celle-ci est applicable dans la ville de Mossoul) :

o Ceux qui s'opposent à la volonté de Dieu doivent être exécutés, crucifiés ou amputés des bras ou des jambes
o Les manifestation publiques sont interdites
o L'alcool et le tabac sont interdits
o Les femmes doivent sortir avec les visage et les corps entièrement couverts par un Niqab, seulement si le déplacement est nécessaire, en compagnie de leur père, leur frère ou leur mari.
o La prière « à l'heure » est obligatoire
o Les monuments antiques et oeuvres d'art pré-islamiques doivent être détruits
o Les chrétiens doivent payer un impôt spécial de 250 $ par personne et par

mois.

A propos de 5 mn Smart

La collection 5 mn Smart permet de prendre connaissance d'un sujet en juste 5 minutes, à l'aide d'une explication claire et concise.

www.ingramcontent.com/pod-product-compliance
Lightning Source LLC
Chambersburg PA
CBHW071353310526
45790CB00018B/1432